L²⁷n
25362

PÈRE
HYACINTHE

VOUS VOUS ÊTES TROMPÉ

Réponse à la Lettre du 21 Septembre

PAR

M. L'ABBÉ G. ROUQUETTE

Prédicateur, Chanoine honoraire de Bordeaux, etc.

TOULOUSE

LIBRAIRIE J. SIRVEN   IMPRIMERIE M. MILLAS

Rue d'Aubuisson, 40.   Rue d'Aubuisson, 38.

1869

Mon Cher et Révérend Père,

Si, après avoir écrit cette trop longue lettre, j'avais eu des hésitations à vous l'adresser, à la publier, je n'en dois plus avoir après la réception de mon courrier de ce matin.

Le *Nouveau Réformateur* : tel est le titre d'un long article du *Gaulois*.

« La lettre du P. Hyacinthe, c'est le rajeunissement de la Religion.

» Le P. Hyacinthe ne reculera pas.

» **Le P. Hyacinthe peut compter avec certitude sur sa légion. Elle est toute prête et n'attendait que son chef.** »

Dieu me garde de supposer que le Philinthe du *Gaulois* vous sera le moins du monde agréable par de semblables compliments.

Mais enfin, puisqu'il ne dépend plus de personne que l'opinion publique n'apprécie et ne juge, il est bon qu'elle sache que si vous étiez un nouveau réformateur, ce qu'à Dieu ne plaise, **la légion vous ferait complétement défaut.**

Toulouse, rue Clémence-Isaure, 7.

27 septembre 1869.

PÈRE HYACINTHE

VOUS VOUS ÊTES TROMPÉ

Vous me demanderez peut-être à quel titre et de quel droit je viens ici vous faire cette déclaration publique?

Mon Dieu, c'est tout simple : du droit qui revient « à tout prédicateur, *fût-il le plus petit de tous* (1), de ne pas consentir à se taire comme des chiens muets, gardiens infidèles d'Israël. »

Vous avez pris l'initiative d'un éclat très extraordinaire, très inattendu et, à bien des égards, incompréhensible. Évidemment vous n'aurez pas et vous ne voudriez pas le monopole de la publicité en cette circonstance. Mais si — ce que je ne saurais croire —

---

(1) Voir votre propre lettre, pour cette citation et pour toutes autres.

vous aviez rêvé un grand fracas autour de votre chaire, que vous semblez momentanément transformer en un cercueil de votre éloquence, vous auriez été tristement exaucé. Le bruit ne vous manquera pas.

Eh bien, permettez au plus humble de vos confrères dans l'exercice de cet apostolat où vous eûtes de si brillantes heures, et où vous en aurez encore de si utiles, permettez-lui de vous dire en toute simplicité que *vous vous êtes trompé.*

*

Vous vous êtes trompé dans le fond même de votre démarche.

Qu'était-il besoin, en effet, que le monde sût deux grands mois à l'avance que vous ne remonteriez pas dans la chaire de Notre-Dame, quand d'ici à cette époque vingt moyens pouvaient s'offrir à vous pour y demeurer, à commencer par celui d'une docilité chrétienne dont Dieu vous eût tenu compte et dont les hommes sérieux ne vous eussent point blâmé, croyez-le bien ?

Vous vous êtes trompé en élevant à la hauteur d'un débat public une querelle intestine entre votre supérieur général et vous : ni lui, ni vous, ni votre ordre, ni la Religion n'avaient rien à gagner à cette divulgation des secrets de votre famille.

Vous vous êtes trompé en prenant le monde à témoin des contradictions où ce haut administrateur est tombé, selon vous, dans ses relations toutes personnelles avec vous.

Vous vous êtes trompé en lui adressant, à la date du 20 septembre, une lettre qu'il ne recevra au plus tôt que le 26, et qui, dès le 21, a été insérée dans tous les journaux de Paris. On fait cela avec un journaliste ou avec un ministre qu'on veut mettre au pied du mur : on ne fait pas cela avec un père ou un ami.

Vous vous êtes trompé même dans le choix que vous avez fait du premier organe de votre bruyante retraite. On a beau respecter toutes les convictions honnêtes et honnêtement produites. Le *Temps* n'est pas plus l'interprète naturel d'un catholique, d'un moine, d'un prêtre, que l'*Univers* n'est l'organe officiel de M. Guizot ou de M. Pressensé.

* ***

Vous vous êtes trompé en vous donnant une importance personnelle, plus contraire encore aux habitudes du monde bien élevé qu'à l'humilité des mœurs monastiques.

Quel est le curé ou le vicaire qui, dans le cas d'un

désaccord avec son évêque, aurait cru devoir faire ce que vous faites? Quel est l'évêque qui, dans une occasion où Rome l'aurait moins approuvé, se serait cru autorisé à des protestations et à des débats de cette nature? Aucun.

Un seul cas peut se produire, et ce n'est pas le vôtre : quand un homme est *attaqué publiquement* dans sa foi ou dans ses mœurs, il a le droit de s'expliquer et de se défendre, car il en a le devoir ; et encore le doit-il faire dans la limite d'une publicité proportionnée à celle qui l'accuse.

Hors de là, dans les questions purement administratives d'un placement ou d'un déplacement, ce qui nous convient, c'est le silence, comme le gardent les ministres quand ils résignent leurs portefeuilles, comme le gardent les officiers ou les soldats quand on les fait changer de garnison : nous devons plus que tous l'exemple du respect à l'autorité.

Prêtres et moines, nous n'avons pas le droit de briser la hiérarchie, que toutes les administrations reconnaissent ; nous n'avons pas le droit d'invoquer le scandale de nos oppositions contre une autorité légitimement constituée.

Donnez votre démission, si vous êtes libre ; retirez-vous, si votre engagement est expiré, mais respectez la légalité du chef tant que vous êtes sous les drapeaux. Ceci est de droit divin et de droit humain à la fois.

Vous vous êtes trompé en croyant, en affirmant qu'agir ainsi c'était demeurer *fidèle à vos vœux monastiques :* personne ne le croira.

Il y a des règles pour les contracter, ces vœux ; il y a des règles pour s'en dégager (c'est *pour en être dégagé* qu'il faut dire).

Vous vous êtes trompé, je le crois sincèrement, et « vous n'étiez pas dégagé des illusions de la jeunesse » quand vous crûtes que « vous veniez demander au cloître la pratique plus parfaite de la liberté sainte. » Vous ne deviez pas plus trouver aux Carmes qu'aux Dominicains, qu'à Saint-Sulpice surtout, cette *royale liberté,* telle que vous la revendiquez aujourd'hui

Permettez-moi un souvenir tout personnel : quelques jours avant que vous dussiez prononcer vos grands vœux, j'eus avec vous plusieurs entretiens sur cet objet : vous ne vous en êtes peut-être pas douté, mais j'avoue que je les avais cherchés, dans le désir de seconder une affection profonde et légitime qui voulait vous retenir au foyer de votre mère. J'eus pour auxiliaire de mon zèle anti-monacal l'archiprêtre vénérable dans la cathédrale duquel vous prêchiez alors pendant que je prêchais dans une église de la même ville : c'était à Bordeaux.

Je me souviens qu'après une longue conversation sur la prédication contemporaine en général et sur le rôle que vous m'affirmiez y vouloir prendre, je me permis de vous dire : « Croyez-moi, n'entrez pas là dedans, ne fût-ce que pour n'avoir pas à en sortir. »

C'était, il m'en souvient, le jour du vendredi-saint 1862.

Quelques jours après, vous prononçâtes vos grands vœux : ce fut une gloire pour votre ordre ; mais moi je disais tout bas, au risque de vous déplaire : *Le P. Hyacinthe s'est trompé.*

* *

Vous vous êtes trompé en vous croyant, selon vos propres paroles d'alors, une vocation exceptionnelle dans la prédication de la parole sainte. Croyez-moi, fût-on Bossuet, en fait de doctrine, les routes battues sont les plus sûres : il y a toujours un grand péril à se faire chef d'école. Un homme qui fut notre maitre à tous en ce siècle a laissé beaucoup d'écoliers : il n'a pas encore fait, que je sache, un seul élève. Vous reconnaissez là notre grand Lacordaire.

Vous vous êtes trompé, cher Père, et vous vous êtes fait une trop belle part, en croyant que vous représentiez « la réconciliation de l'Eglise et de l'esprit moderne. » Il y a des Français et des catholiques par milliers, par millions, qui demeurent parfaitement fidèles à l'Eglise notre mère selon l'éternité, et reconnaissent envers la société du xix° siècle *des devoirs et des tendresses* dont vous semblez prendre le redoutable monopole.

Il est hors de doute que vous représentez dans l'Eglise un parti extrême : eh bien, rien n'est blessant pour ceux qui ont la prudence d'être moins avancés, comme de s'entendre répéter à toute heure, par une cohorte soi-disant libérale, qu'ils n'aiment pas la liberté.

Nous en parlons moins, mais nous l'aimons peut-être davantage, et nous la servons mieux ; voilà tout.

_{*}

« Les Saints ne se sont pas tus, » dites-vous? Vous

avez raison, « vous savez être de leur race, » et je le crois. Mais pensez-vous modestement que ceux qui croient devoir se taire sur les questions dont vous parlez, — à commencer par votre général, — ne sont pas de cette race ?

Prenez garde, ce n'est pas le nom des Saints qu'on a coutume de donner à ceux qui parleront comme vous le faites. Vous vous trompez sur vous-même, vous vous trompez sur les autres, et votre erreur ne vient pas de votre modestie

Laissez-moi vous raconter un incident qui m'a pénétré naguère d'une profonde tristesse :

Une dame protestante, distinguée par son esprit autant que par ses vertus, élève préférée du Pasteur Adolphe Monod, et ayant hérité de ce mysticisme digne d'être admiré par ceux même à qui il inspire des regrets, voulait prouver que le protestantisme avait en sa faveur le bénéfice de la *tradition* : selon elle, Savonarole était un protestant; Jean Hus, un protestant; saint Augustin, à certaines époques de sa vie, un protestant... Et elle ajouta : Le P. Hyacinthe commence à être un protestant... Je protestai, je m'indignai par sympathie et par respect pour vous... Elle m'opposa votre trop fameuse phrase du congrès de la paix — Ah! que *vous vous êtes* aussi **trompé** là, mon cher Père, et que votre lettre de ce jour est de cette phrase un douloureux commentaire!

C'est singulier : tous vos lecteurs ont fait une remarque qui, je l'espère, n'a pas sa raison d'être dans votre intention ; mais pourquoi le fond de votre lettre se résume-t-il en une *protestation?* « Je proteste, je proteste... » Cette formule revient à chaque alinéa... Elle est malheureuse, très malheureuse, reconnaissez-le.

Ne vous trompez donc plus sur l'opinion qu'ont de vous les vrais catholiques, ceux qui ne voudraient, pas plus que vous, « des pratiques qu'on nommerait romaines et qui ne seraient pas chrétiennes. »

Au surplus, qu'entendez-vous par ces protestations et contre qui sont-elles? Dites-le clairement, expliquez-vous sans détour ; car enfin vous n'écrivez qu'à *votre général*, et vous avez devant vous, en France seulement, cent Prélats qui vous entendent, quarante mille Prêtres de tout rang dont l'action se consacre simultanément à l'Église et à la patrie, tout un peuple de fidèles qui ne tolère pas qu'on fasse à quelques novateurs l'honneur de les traiter comme vous le faites. Où sont-ils ces novateurs? Nommez-les, signalez « les audacieux qui tendent à changer la constitution de l'Église, le fond comme la forme de son enseignement, l'esprit de sa piété. » Dénoncez les discours ou les livres, nommez les auteurs. Aucun de nous ne veut « la perversion sacrilége de l'Evangile; » mais nous ne savons pas ce que vous appelez le « pharisaïsme de la loi nouvelle. » Ce sont des affirmations prouvées qu'il nous faut. Jusque-là, vous troublez et vous divisez. Voilà tout.

Vous protestez contre cette opposition plus radicale et plus effrayante encore avec « la nature humaine, atteinte et révoltée par ces faux docteurs dans ses aspirations les plus indestructibles. »

Qu'entendez-vous par ces paroles? Il y a ici trop ou trop peu. Est-ce des aspirations purement mentales de cette nature humaine, que vous voulez parler? Allez-vous plus loin? Je vous préviens que des lecteurs au moins très intelligents de votre *manifeste* ont découvert dans ces aspirations des regrets peu dignes d'une vie monacale, si ce n'est à l'heure où elle se brise! Le célibat ecclésiastique est-il là pour quelque chose? Expliquez-vous, si vous ne voulez pas qu'on se trompe sur la pureté de vos protestations???

Vous vous êtes trompé dans l'expression de vos regrets envers l'éminent Archevêque de Paris. Certes, tout le monde sait à quel degré il est *intelligent* et *courageux*, et vous auriez pu, sans flatterie, dire bien plus encore. Mais, en faisant complice de ce que d'autres appellent vos erreurs la persistance de sa bonté pour vous, vous lui témoignez une reconnaissance que vous auriez mieux fait de lui épargner. Vous avez manqué d'intelligence dans votre dévoùment : rapprocher ainsi votre cause de celle de cet éminent Prélat n'est nullement un acte de courage ; c'est une reconnaissance indiscrète et fautive.

**

Vous vous êtes trompé dans l'expression de vos regrets à l'imposant auditoire de Notre-Dame. « Il vous environna toujours de son attention, de ses sympathies même... » Vous alliez presque dire : « de son amitié. » Soit, pour quelques-uns et pendant quelque temps. Mais aujourd'hui, ne vous y trompez pas, l'enthousiasme était loin d'être général et sans restriction. Vous avez attristé, dans ces dernières Conférences, beaucoup d'âmes honnêtes et *n'appartenant nullement à ces partis extrêmes que vous caractérisez trop violemment.*

Hier encore, on me contait qu'un incrédule très

distingué, à qui vos premières Conférences avaient montré la lumière et qui s'était mis en devoir de la suivre, disait, au mois de décembre dernier : « Je n'ai plus besoin d'aller à lui, puisque le voici qui vient à moi. » Paroles terribles et dont je vous garantis l'authenticité.

Vous vous êtes trompé religieusement en n'acceptant pas, sans faire tout cet éclat, l'oppression intérieure dont vous vous êtes cru victime.

A part de très rares approbations, auxquelles peut-être vous devriez moins tenir, — parce que, quand même elles seront sincères, elles ne seront pas suffisamment éclairées sur des devoirs dont la notion et la portée ne sont pas familières à leurs auteurs, — à part ces approbations, je peux vous affirmer que votre démarche a désolé vos meilleurs amis, les amis de votre personne et ceux de votre talent. Prêtres et laïques, il n'en est pas qui ne gémissent et ne vous désapprouvent.

Le *quos vult perdere Jupiter dementat* est la seule excuse qu'on vous attribue : vous avez eu votre quart d'heure de folie, voilà tout, mais votre quart d'heure seulement, espérons-le.

Les gens du monde vraiment graves ont de nos obligations une idée que vous sembliez ne pas soupçonner. Le cercle restreint d'admirateurs a faussé votre jugement.

Vous seriez, à l'heure présente, *perdu* dans l'opinion publique, si votre résurrection n'était prochaine. Ne vous y trompez pas.

Vous vous êtes donc trompé même humainement parlant. En vous remettant dans une obscurité relative et temporaire, votre supérieur faisait peut-être un acte consommé de prudence mortelle. Après tout, c'est vous rendre un bel hommage que de signaler l'impossibilité actuelle où vous étiez de suivre la marche progressive dans laquelle votre talent est monté si haut, dès ses premiers élans. Une maladie du larynx ou un ordre du supérieur sont souvent le meilleur antidote à certaines défaillances morales : or, ne vous y méprenez pas, la popularité sérieuse commençait à quitter l'orateur. Peut-être était-il sage de se faire désirer par elle, sans invoquer « les prisons de l'âme, les chaînes et tout cet appareil d'un martyre moral sur lequel personne ne se fera illusion

Enfin, vous en appelez au Concile futur pour la répression de tous ces abus qui se résument dans l'ordre reçu de votre général. Eh quoi! quand aucun des évêques intéressés n'a jugé utile d'élever sa voix sur « l'absence de liberté dans la préparation du Concile, » se réservant assurément pour la liberté des discussions, vous publiez, vous, qu'ils ne sont pas libres et vous convoquez, par anticipation, un Concile réformateur de celui-ci?

Vous semblez, vous, faire le Pape éventuel de cette seconde assemblée. Mais vous froissez par là tout l'épiscopat du monde catholique, tout l'épiscopat français en particulier. Quoi! Ils sont tous les sujets bénévoles d'une dérision..... on se joue avec leur caractère et avec leur liberté. L'évêque d'Orléans se tait, l'archevêque de Paris se tait, les cardinaux de Rouen et de Bordeaux se taisent et il n'y a que vous qui osez parler??

Ah! mon cher Père Hyacinthe, comme vous vous êtes trompé, en vous faisant ainsi l'accusateur de leur silence!

***

Vous vous donnez en finissant de grandioses tournures. Vous placez sur vos lèvres tout une lamentation de Jérémie que vous vous appropriez sans précaution ni commentaire, absolument comme si le manteau du prophète était tombé sur vos épaules : avouez que, même oratoirement, cette manière de parler est au moins singulière.

Enfin, vous en appelez au tribunal de Jésus, comme saint Paul garrotté en appelait au jugement de César! Et contre qui, grand Dieu? Car enfin, toute cette série de protestations est... parce que votre général vous a dit dans l'intimité propice aux meilleurs avis : « Père Hyacinthe, vous avez un magnifique talent, mais vous vous trompez dans le fond des sujets que vous choisissez, dans la forme trop libre que vous leur donnez.

» En doctrine, laissez un peu de côté les questions politiques, philosophiques, les questions discutables enfin... et placez-vous un peu plus souvent sur le terrain plus ferme du vieux symbole du Décalogue, de l'Evangile.

» En morale, ne soyez pas trop naturaliste. Abstenez-vous de ces descriptions qui font honneur à la pureté de votre imagination et alarment parfois la pudeur de ceux qui vous écoutent.

» Soyez le grand prédicateur de notre siècle... mais cherchez les âmes avant les foules. Instruisez, édifiez, sanctifiez, bénissez, aimez! mais n'ayez pas l'air de combattre sans cesse un parti, peu agréable soit, peu modéré souvent, mais absent cette fois et qui, d'ailleurs, ne vous attaque pas là où vous êtes.

» Vous n'en serez pas moins grand orateur.

» Vous en serez beaucoup plus estimé et non moins aimé.

» Vous serez infiniment plus utile et vous attirerez, pour les donner à Dieu, ces âmes que vous élevâtes jusqu'ici, mais en les laissant trop à distance ! »

En vérité, je vous assure, cher Père, que chacun de nous qui prêchons peut entendre de son évêque ou de son général un pareil langage sans être froissé dans « la dignité de sa personne et de son ministère. »

Vous êtes tout entier dans votre dernière phrase avec votre âme profondément pieuse... à la ferveur presque naïve de laquelle croient tous ceux qui vous ont tant soit peu fréquenté.

Et c'est dans cette disposition intérieure de votre conscience que réside peut-être votre plus regrettable erreur !

Les plus grands esprits et les plus nobles cœurs trouvent dans leur élévation et leur noblesse même un péril digne d'être respecté par autrui, mais terriblement dangereux pour eux.

Cela leur donne des élans, des persévérances, des ténacités qui sont le dernier terme de leur illusion !

Vous vous êtes trompé hier ; j'ose vous demander que vous ne vous trompiez plus aujourd'hui. J'ose vous crier : Ne vous trompez pas demain !

Vous avez « beaucoup prié, beaucoup réfléchi, beaucoup souffert, beaucoup attendu, » soit.. Il vous a peut-être manqué une seule chose toujours plus efficace : c'est de *consulter* un peu, en dehors du cercle affectueux que son affection même aurait dû vous rendre suspect.

« L'heure présente est solennelle, » dites-vous. Vous avez mille fois raison, très solennelle.

L'Eglise traverse l'une des crises les plus violentes, les plus obscures de son existence ici-bas ! » N'ajoutez pas à ces obscurités et à ces violences qu'on lui fait subir !

Plusieurs de vos amis veulent voir dans ce manifeste inattendu la première phase d'un programme que vous êtes destiné à suivre. Il faut être votre ennemi très cruel pour vous juger ainsi.

Moi, je ne le crois pas : et je vous sais assez grand pour oser vous supplier de déchirer le livre à la première page.

※
※ ※

Que pensez-vous de ceci ? Je n'en sais rien.

En tout cas, je n'ai nullement le dessein de contracter, au voisinage de votre immense réputation, une célébrité que je n'ambitionne pas. Votre lettre m'est arrivée au fond des Pyrénées. Je l'ai lue seul d'abord et bientôt en compagnie d'hommes remarquables par leurs lumières et leur modération. J'ai écouté la douloureuse appréciation d'un de vos amis les plus dévoués dans ce clergé de Paris, où vous en comptez tant et qui est si distingué.

J'ai demandé aussitôt à un directeur de journal de me réserver une colonne; je vous ai fait, sans m'en douter, une brochure : vous devez comprendre, vous, que la plume coure d'elle-même quand le cœur est si plein.

Je vous jure, en finissant, que si j'ai accusé nettement ce que je crois être votre erreur, je l'ai fait avec le profond respect qu'on doit au talent, au mérite, j'allais presque dire au génie et je dis surtout à la bonne foi.

Et moi aussi, bien que j'aie dû vous adresser ces lignes dans les vingt-quatre heures, je les ai signées en présence de Dieu : et c'est en sa charité que je vous prie d'agréer mon respectueux et confraternel dévoûment.

Bagnères-de-Luchon, 24 septembre 1869.

L'abbé ROUQUETTE.

Imprimerie Marc Millas, rue d'Aubuisson, 38, à Toulouse.

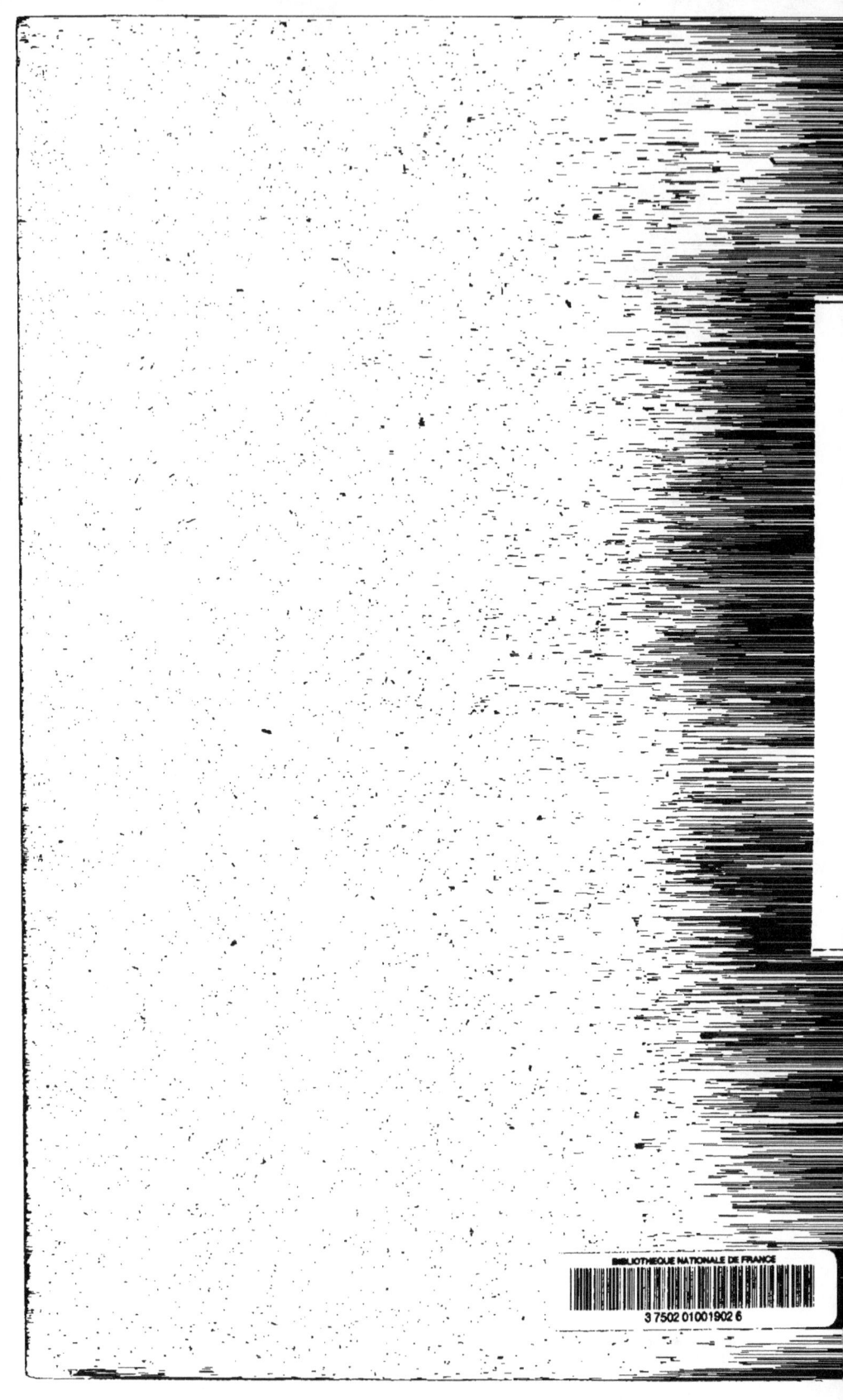

www.ingramcontent.com/pod-product-compliance
Lightning Source LLC
Chambersburg PA
CBHW060607050426
42451CB00011B/2119